365 Bewerbungstipps

Michael Felske

Impressum

Bibliografische Information der Deutschen Nationalbibliothek:
Die Deutsche Nationalbibliothek verzeichnet diese Publikation
in der Deutschen Nationalbibliografie; detaillierte
bibliografische Daten sind im Internet über http://dnb.dnb.de
abrufbar.

© 2023 Michael Felske

Herstellung und Verlag: BoD – Books on Demand,
Norderstedt

ISBN: 978-3-7448-5202-9

Die 365 Bewerbungstipps sind das Ergebnis meiner mehrmonatigen Aktivität als aktives Mitglied der Internetplattform www.twitter.com. Aus diesem und einem anderen Grunde sind die Tipps eben nur 140 Zeichen lang. Die so entstandene Kürze ermöglicht Ihnen aber die rasche Lektüre an nahezu jedem nur denkbaren Ort. Das Buch können Sie mitnehmen, einfach an irgendeiner Stelle aufschlagen und Tipps lesen.

Die 365 sind deshalb (nicht aus Faulheit) ungeordnet und nahezu völlig unsortiert. Alle, die immer die absolute Ordnung lieben, sind also gezwungen ein anderes Buch zu kaufen. Alle anderen können völlig frei entscheiden und auf die Spur gehen ihren Bewerbungsprozess und ihre Bewerbung entscheidend zu verbessern.

Da mittlerweile immer weniger Menschen noch Bücher lesen, ich diese aber auch erreichen möchte, entschied ich für die Twitter-Kurzform der sogenannten Tweets. Nach einigen Versuchen Wichtiges auch in Kürze zu servieren, spürte ich, dass es funktioniert. Die kurzen Tipps prägen sich schnell ein und sind rasch auszuprobieren.

2. 365 BEWERBUNGS-TIPPS: DIE TIPPS

365 Bewerbungstipps: Für jeden Tag finden Sie nachfolgend einen Tipp, der Sie sicherlich beruflich weiter bringen kann.

365 Bewerbungstipps: Und Sie merken schon: Nach meinem Denken haben Bewerber kein Wochenende!

Bewerbungsprozess: Feilen und Polieren Sie alle Details Ihrer Bewerbung und Ihres Auftretens. Sie wissen ja: Es geht immer noch besser!

Vorstellungsgespräch: Verwechseln Sie Ihren Vorstellungstermin nicht mit einer Plauderstunde. Servieren Sie Fakten, Gefühle und Erfolge!

Vorstellungsgespräch: Übrigens - ob Sie dem Unternehmen schaden können, das möchte Ihr Gesprächspartner zuerst überprüfen.

Vorstellungsgespräch: Was hat der Unternehmer davon, wenn er Sie einstellt? Beantworten Sie exakt diese Frage.

Vorstellungsgespräch: Was macht Sie eigentlich einzigartig? Berichten Sie das in einer knackigen und spannenden Story.

Vorstellungsgespräch: Schöpfen Sie Vertrauen und zeigen Sie es auch. Das sind Voraussetzungen für ein erfolgreiches Gespräch.

Vorstellungsgespräch: Hinterlassen Sie einen nachhaltigen Eindruck durch die Vermittlung Ihrer moralischer Prinzipien.

Vorstellungsgespräch: Während Sie reden, wird Ihr Kommunikationspartner dauernd denken, bewerten und fühlen. Bearbeiten Sie alle drei Ebenen.

Vorstellungsgespräch: Bleiben Sie bei der Wahrheit und antworten Sie aufrichtig. Moral spielt auch heute noch eine große Rolle.

Vorstellungsgespräch: Nehmen Sie Ihren Gesprächspartner ernst sonst kommt ein erfolgreiches Gespräch niemals zustande.

Brisante und unzulässige Fragen im Vorstellungsgespräch: „Wieso, weshalb, warum?" Hier wünsche ich Ihnen besonders viel Spaß beim Lesen.

Brisante Fragen im Vorstellungsgespräch: „Sind Sie behindert? Hier gilt die sogenannte Offenbarungspflicht. Eine Antwort muss gegeben werden.

Brisante Fragen im Vorstellungsgespräch: „Sind Sie vorbestraft? Hier müssen Bewerber, gerade im Zusammenhang mit Geld, ehrlich antworten.

Brisante Fragen im Vorstellungsgespräch: „Sind Sie gesund? Hier muss ein Zusammenhang mit der angestrebten Tätigkeit bestehen.

Brisante Fragen im Vorstellungsgespräch: „Sind Sie gläubig? Hier muss ein Zusammenhang mit der angestrebten Tätigkeit (Kirche) bestehen.

Brisante Fragen im Vorstellungsgespräch: „Sind Sie Parteimitglied? Hier muss ein Zusammenhang mit der angestrebten Tätigkeit bestehen.

Brisante Fragen im Vorstellungsgespräch: „Wollen Sie nicht antworten?" Hier soll Stress aufgebaut werden um zu sehen wie sie klar kommen.

Brisante Fragen im Vorstellungsgespräch: „Können Sie nicht antworten?" Hier soll Stress aufgebaut werden um zu sehen wie sie klar kommen.

Brisante Fragen im Vorstellungsgespräch: „Wollen Sie überhaupt arbeiten?" Hier soll Stress aufgebaut werden um zu sehen wie sie reagieren.

Brisante Fragen im Vorstellungsgespräch: „Warum kleiden Sie sich so?" Hier soll Stress aufgebaut werden um zu sehen wie sie reagieren.

Generell gibt es einige **unzulässige Fragen** im Vorstellungsgespräch. Alle, die zur Diskriminierung beitragen, dürfen nicht gestellt werden.

Unzulässige Fragen im Vorstellungsgespräch: „Sind Sie schwanger?" Diese Frage ist eine Diskriminierung von Frauen und eine Benachteiligung.

Unzulässige Fragen im Vorstellungsgespräch: „Wollen Sie heiraten?" Diese Frage und die nach der Lebensplanung zielen auf die Intimsphäre ab.

Unzulässige Fragen im Vorstellungsgespräch: „Wie sind Sie eigentlich sexuell ausgerichtet?" Diese Frage zielt auf die Intimsphäre ab.

Unzulässige Fragen im Vorstellungsgespräch: „Sind Sie Gewerkschaftsmitglied?" Diese Frage darf normalen Arbeitnehmern nicht gestellt werden.

Bewerbungstipps für Ihr Anschreiben: Vergessen Sie den Konjunktiv. Schreiben Sie nie „Ich würde..."

Bewerbungstipps für Ihr Anschreiben: Formulieren Sie lebendig und aktiv. Dabei helfen Ihnen Verben, nicht Substantive.

Bewerbungstipps für Ihr Anschreiben: Beziehen Sie sich auf die Stellenanzeige. Wie können Sie Ihr Können dementsprechend einbringen?

Bewerbungstipps für Ihr Anschreiben: Schreiben Sie statt „flexibel" und „teamfähig" warum Sie das sind.

Bewerbungstipps für Ihr Anschreiben: Lassen Sie den Amtsschimmel im Stall. Formulieren Sie flüssig, wie Ihnen der Schnabel gewachsen ist.

Bewerbungstipps für Ihr Anschreiben: Vermeiden Sie Füllwörter wie „eigentlich" und „vielleicht". Diese bilden Sie nicht scharf ab.

Bewerbungstipps für Ihr Anschreiben: Berichten Sie zuerst Ihr Fachwissen. Dann erzählen Sie etwas über sich und Ihre sozialen Kompetenzen.

Bewerbungstipps für Ihr Anschreiben: Soziale Kompetenzen sind Ihre Fähigkeiten mit anderen Menschen umzugehen.

Bewerbungstipps für Ihr Anschreiben: Schreiben Sie linksbündig. Blocksatz ist schwerer lesbar.

Bewerbungstipps für Ihr Anschreiben: Berichten Sie glaubhaft, warum gerade Sie der/die Richtige für exakt den Job sind.

Bewerbungstipps für Ihr Anschreiben: Berichten Sie glaubhaft, warum gerade diese Firma die Richtige für genau Sie ist.

Bewerbungstipps für Ihr Anschreiben: Sie versenden ja noch Lebenslauf und Zeugnisse. In der letzten Zeile steht dann nur noch „Anlagen".

Bewerbungstipps für Ihr Anschreiben: Sie brauchen nicht mehr alle Anlagen namentlich aufzuführen.

Bewerbungstipps für Ihr Anschreiben: Verabschieden Sie sich freundlich und fassen Sie nach 10 Tagen telefonisch nach.

Die sogenannte **3. Seite** ist nicht in allen Branchen üblich und erforderlich. Wesentliches Medium ist und bleibt Ihr Lebenslauf.

Bewerbungsmanagement: Ihr Tag hat 24 Stunden. Sie sind es, der entscheidet wie Sie Ihre Zeit nutzen.

Bewerbungsmanagement: Weniger wichtige Telefongespräche erledigen Sie durch einen Rückruf nach Abschluss Ihrer Bewerbungsaktionen.

Bewerbungsmanagement: Fressen Sie sich nicht im Internet fest. Planen Sie vorher, was erledigt werden soll.

Bewerbungsmanagement: Surfen aus Lust und Laune z.B. bei Auktionen ist ebenso unsinnig für Bewerber wie Fernsehen.

Bewerbungsmanagement: Lassen Sie sich nicht von überflüssigen E-Mails Ihre Zeit aufsaugen. Nur das Tagesergebnis zählt.

Bewerbungsmanagement: Schalten Sie Zeitfresser aus. Dazu gehört das tägliche Fernsehen (Soaps etc.). Das bringt Ihnen nix.

Bewerbungsmanagement: Erschaffen Sie Rituale wie „Sonntags immer Zeitung kaufen" oder „morgens um 8 Jobbörse durchforsten."

Bewerbungsmanagement: Erstellen Sie eine Liste mit Firmen, bei denen Sie sich bewerben wollen. Warten Sie nicht nur auf Stellenanzeigen.

Bewerbungsmanagement: Teilen Sie sich umfangreiche Aufgaben in kleine Stücke auf. So erscheint der „Berg" nicht so hoch.

Bewerbungsmanagement: Greifen Sie zum Stift und streichen Sie auf Ihrer Liste Dinge, die bereits erledigt sind. Das motiviert!

Bewerbungsmanagement: Schalten Sie Störquellen und Unterbrechungen aus. Konzentriert arbeiten ist erfolgreicher.

Bewerbungsmanagement: Dinge anfangen ist gut. Professionell ist es aber, Angefangenes wirkungsvoll zu beenden

Bewerbungsmanagement: Sie kennen sich am besten. Legen Sie Kompliziertes in die Zeit Ihres Leistungshochs.

Bewerbungsmanagement: Nehmen Sie sich nicht zu viel vor. Pausen und Erholungsphasen sind wichtig.

Bewerbungsmanagement: Außerdem kann ja auch mal etwas dazwischenkommen.

Bewerbungsmanagement: Mut zum Müll! Sortieren Sie aus, was keinen Sinn macht und Sie nur zeitlich belastet.

Bewerbungsmanagement: Alles, was an andere (Mitbewohner etc.) delegiert werden kann, geben Sie ab.

Bewerbungsmanagement: Dann sortieren Sie alle Notizen nach Wichtigkeit und Logik. Das Wichtigste erledigen Sie zuerst!

Bewerbungsmanagement: Schreiben Sie sich Ihre Pläne und Vorhaben auf. Wählen Sie dazu einen Notizblock oder Ihren digitalen Kalender.

Bewerbungsmanagement: Hier kommen Tipps wie Sie Ihren Bewerber-Alltag erfolgreicher gestalten und planen können.

Sind Sie kritikfähig? Sagen Sie nicht nur Ja. Erzählen Sie, dass Sie bei Kritik ruhig bleiben, nicht gleich auf die Palme gehen.

Sind Sie kritikfähig? Sagen Sie nicht nur Ja. Erzählen Sie, dass Sie sich eingehender Kritik gerne stellen und daraus lernen wollen.

Sind Sie kritikfähig? Sagen Sie nicht nur Ja. Erzählen Sie, dass Sie auch zu eigenen Fehlern stehen und diese ansprechen.

Sind Sie kritikfähig? Sagen Sie nicht nur Ja. Sagen Sie einfach, dass Sie Kritik gut vertragen können.

„Sind Sie kritikfähig?" Sagen Sie nicht nur Ja. Erzählen Sie, dass Sie kritische Inhalte lieber gleich mit allen Beteiligten besprechen.

„Sind Sie kritikfähig?" Sagen Sie nicht nur Ja. Erzählen Sie, dass Sie Kritik mit „Ich -Botschaften" servieren. Sie wollen nicht verletzen.

„Sind Sie einfühlsam?" Sagen Sie nicht nur „Ja". Erzählen Sie, dass Sie für Probleme von Kollegen stets ein offenes Ohr haben.

„Sind Sie einfühlsam?" Sagen Sie nicht nur „Ja". Erzählen Sie, dass Sie beruhigend auf andere einwirken können.

„Sind Sie einfühlsam?" Sagen Sie nicht nur „Ja". Erzählen Sie, dass Sie, wenn nötig, andere auch trösten können.

„Sind Sie einfühlsam?" Sagen Sie nicht nur „Ja". Erzählen Sie, dass Sie aktiv zuhören und spüren, um was es bei Gesprächen wirklich geht.

„Sind Sie einfühlsam?" Sagen Sie nicht nur „Ja". Erzählen Sie, dass Sie dabei auch die Gefühle der anderen meinen.

„Sind Sie einfühlsam?" Sagen Sie nicht nur „Ja". Erzählen Sie, dass Sie auch Ihre eigenen Gefühle ausdrücken können.

„Sind Sie einfühlsam?" Sagen Sie nicht nur „Ja". Erzählen Sie, dass Sie wissen, wie wichtig die Ansprache von Gefühlen ist.

„Sind Sie einfühlsam?" Sagen Sie nicht nur „Ja". Erzählen Sie, dass Sie wissen, wie wichtig gutes, intensives, aktives Zuhören ist.

„Sind Sie einfühlsam?" Sagen Sie nicht nur „Ja". Erzählen Sie, dass Ihnen andere Menschen und ihre Beweggründe wichtig sind.

„Sind Sie einfühlsam?" Sagen Sie nicht nur „Ja". Erzählen Sie, dass Sie auch darauf achten, WIE andere etwas sagen.

„Sind Sie einfühlsam?" Sagen Sie nicht nur „Ja". Erzählen Sie, dass Sie kommunikativ ausgebildet sind und die 4 verschiedenen Ebenen kennen.

„Sind Sie konfliktfähig?" Sagen Sie nicht nur „Ja". Erzählen Sie, dass Sie Konflikte bereits im Ursprung erkennen und sofort ansprechen.

„Sind Sie konfliktfähig?" Sagen Sie nicht nur „Ja". Erzählen Sie, dass Sie Konflikte nicht ausweichen.

„Sind Sie konfliktfähig?" Sagen Sie nicht nur „Ja". Erzählen Sie, dass Sie bei Konflikten eine für die Parteien optimale Lösung finden.

„Sind Sie konfliktfähig?" Sagen Sie nicht nur „Ja". Erzählen Sie, dass Sie sich deshalb sofort einmischen um Eskalation zu verhindern.

„Sind Sie konfliktfähig?" Sagen Sie nicht nur „Ja". Erzählen Sie, dass Sie die 9 Schritte der Konfliktentwicklung kennen.

„Sind Sie selbstbewusst?" Sagen Sie nicht nur „Ja". Erzählen Sie, dass Sie aus positiver Sicht an das Leben herangehen.

„Sind Sie selbstbewusst?" Sagen Sie nicht nur „Ja". Erzählen Sie, dass Sie Verluste und Rückschläge akzeptieren und wegstecken.

„Sind Sie selbstbewusst?" Sagen Sie nicht nur „Ja". Erzählen Sie, dass Sie Herausforderungen lieben und beweisen Sie dies auch sofort.

„Sind Sie selbstbewusst?" Sagen Sie nicht nur „Ja". Erzählen Sie, dass Sie wissen, was Sie vom Leben wollen und dafür auch alles tun.

„Sind Sie selbstbewusst?" Sagen Sie nicht nur „Ja". Erzählen Sie, dass Sie sich mit Mut und Forschergeist großen Herausforderungen stellen.

„Sind Sie kooperationsfähig?" Sagen Sie nicht nur „Ja". Erzählen Sie, dass Sie Kollegen auch unterstützen, wenn es erforderlich ist.

„Sind Sie kooperationsfähig?" Sagen Sie nicht nur „Ja". Erzählen Sie, dass Ihr Umgang mit Kollegen ein respektvoller ist.

„Sind Sie kooperationsfähig?" Sagen Sie nicht nur „Ja". Erzählen Sie, dass Sie gut mit anderen Menschen zusammen arbeiten können.

„Sind Sie kooperationsfähig?" Sagen Sie nicht nur „Ja". Erzählen Sie, dass Sie wissen, wie wichtig gemeinsame Verantwortung ist.

Sind Sie kritikfähig? Sagen Sie nicht nur Ja. Erzählen Sie, dass Sie Gesprächspartnern aktiv zuhören und sie stets ausreden lassen.

Sind Sie kritikfähig? Sagen Sie nicht nur Ja. Erzählen Sie, dass Sie Beweggründe Ihrer Gesprächspartnern so auch besser verstehen.

Sind Sie kritikfähig? Sagen Sie nicht nur Ja. Erzählen Sie, dass Sie nicht gleich lautstark zur Verteidigungsrede ansetzen.

Sind Sie kritikfähig? Sagen Sie nicht nur Ja. Erzählen Sie, dass Sie niemals die trübe Stimmung weiter aufheizen wollen.

Sind Sie kritikfähig? Sagen Sie nicht nur Ja. Erzählen Sie, dass Sie Ihren Beitrag zur Klärung von Meinungsverschiedenheiten leisten.

Sind Sie kritikfähig? Sagen Sie nicht nur Ja. Erzählen Sie, dass für Sie Kritik zu positiven Entwicklungen einfach dazu gehört.

Sind Sie kritikfähig? Sagen Sie nicht nur Ja. Erzählen Sie, dass für Sie der Ursprung der Kritik etwas Positives ist.

Sind Sie kritikfähig? Sagen Sie nicht nur Ja. Erzählen Sie, dass für Sie Kritik auch etwas mit Wertschätzung zu tun hat.

Sind Sie kritikfähig? Sagen Sie nicht nur Ja. Erzählen Sie, dass Sie Ihren Gegenüber durchaus ernst nehmen.

Sind Sie kritikfähig? Sagen Sie nicht nur Ja. Erzählen Sie, dass Sie Kritik gerne als Anregung annehmen, wenn sie berechtigt ist.

Sind Sie kritikfähig? Sagen Sie nicht nur Ja. Erzählen Sie, dass Sie Hinweise auf Ihre Fehler gut finden. So werden sie demnächst vermieden.

Sind Sie kritikfähig? Sagen Sie nicht nur Ja. Erzählen Sie, dass Sie sich nicht sofort in eine Abwehrhaltung begeben.

Sind Sie kritikfähig? Sagen Sie nicht nur Ja. Erzählen Sie, dass Sie bei Kritik zuerst lieber mit Besonnenheit reagieren.

Sind Sie kritikfähig? Sagen Sie nicht nur Ja. Erzählen Sie, dass Sie vor einer Antwort innerlich erst einmal bis 10 zählen.

Sind Sie kritikfähig? Sagen Sie nicht nur Ja. Erzählen Sie, dass Sie Ihrem Gegenüber nicht einfach unhöflich ins Wort fallen.

Sind Sie kritikfähig? Sagen Sie nicht nur Ja. Erzählen Sie, dass Sie andere niemals in Gegenwart Dritter kritisieren.

Sind Sie kritikfähig? Sagen Sie nicht nur Ja. Erzählen Sie, dass Sie den richtigen Moment abpassen, um Kritik auszusprechen.

Sind Sie kritikfähig? Sagen Sie nicht nur Ja. Erzählen Sie, dass Sie Kritik nur mit Fakten ausdrücken. Das schafft Verständnis.

Tipps für das Bewerbergespräch: Auf geschlossene Fragen nicht nur mit JA antworten. Mehr Infos zeichnen ein schärferes Bild von Ihnen!

Sind Sie kontaktfähig? Sagen Sie nicht nur Ja. Erzählen Sie, dass Sie locker mit Menschen umgehen können und gerne auch auf sie zugehen.

Sind Sie kontaktfähig? Sagen Sie nicht nur Ja. Erzählen Sie, dass Sie es besonders gut verstehen, mit anderen leicht ins Gespräch zu kommen.

Sind Sie kontaktfähig? Sagen Sie nicht nur Ja. Sagen Sie, dass Sie es Ihnen Spaß und Freude bringt andere Menschen kennen zu lernen.

Sind Sie kontaktfähig? Sagen Sie nicht nur Ja. Sagen Sie, dass Sie es Ihnen wichtig ist, auch für ein freundliches Gesprächsklima zu sorgen.

Sind Sie kontaktfähig? Sagen Sie nicht nur Ja. Sagen Sie, dass Sie liebend gerne Menschen unterstützen, die Kontaktschwierigkeiten haben.

Sind Sie kontaktfähig? Sagen Sie nicht nur Ja. Sagen Sie, dass Sie stets auch den Austausch im Gespräch mit andern Menschen suchen.

Sind Sie kontaktfähig? Sagen Sie nicht nur Ja. Sagen Sie, dass Sie sich für Meinungen und Einstellungen anderer Menschen interessieren.

Sind Sie kontaktfähig? Sagen Sie nicht nur Ja. Sagen Sie auch, dass Sie, wenn es erforderlich ist, Kollegen motivieren können.

Sind Sie teamfähig? Sagen Sie nicht nur Ja. Sagen Sie, dass Sie positive Teamerfahrung haben und bereits in Teams gearbeitet haben.

Sind Sie teamfähig? Sagen Sie nicht nur Ja. Sagen Sie, dass Sie gerne mit anderen zusammenarbeiten, um erfolgreiche Lösungen zu finden.

Sind Sie teamfähig? Sagen Sie nicht nur Ja. Sagen Sie, dass gerade Sie eine einfühlsame und integrative Kraft im Team sein können.

Sind Sie teamfähig? Sagen Sie nicht nur Ja. Sagen Sie, dass Sie erkannt haben, dass Sie ein Team ein empfindliches Gebildes ist.

Sind Sie teamfähig? Sagen Sie nicht nur Ja. Sagen Sie, dass Sie wissen, was ein funktionierendes Team ist. Ein Team wächst in 4 Schritten.

Sind Sie teamfähig? Sagen Sie nicht nur Ja. Sagen Sie, dass Sie sehr wohl wissen, welches Ihrer Rolle im funktionierenden Team ist.

Sind Sie teamfähig? Sagen Sie nicht nur Ja. Sagen Sie, dass Sie das Arbeitsklima im Team positiv beeinflussen können.

Sind Sie teamfähig? Sagen Sie nicht nur Ja. Sagen Sie, dass sich in der Vergangenheit mit den Teamkollegen prima verstanden haben.

Sind Sie teamfähig? Sagen Sie nicht nur Ja. Sagen Sie, dass Sie gerne auch einspringen, wenn Not am Mann ist und andere unterstützen.

Sind Sie teamfähig? Sagen Sie nicht nur Ja. Sagen Sie, dass Sie wissen, wann andere mit Aufgaben und Verantwortung integriert werden müssen.

Nachfassen: Mails können auch verschwinden! Wenn Sie nach 10 Tagen nichts von Ihrer Bewerbung gehört haben, dann fassen Sie nach.

Eingangsbestätigung: Im Normalfall bekommen Sie per E-Mail eine Nachricht, dass Ihre Bewerbung eingegangen ist. Dann sind Sie mit im Rennen.

Testmail: Probieren Sie aus wie Ihre Mail rüberkommt. Senden Sie Ihrem Freund eine Probemail, dann sehen Sie es schwarz auf weiß.

Ausgedruckt: Die Personaler drucken Ihre Bewerbung aus, um sich damit zu befassen.

Sie wissen niemals, wie und **mit welchem Aussehen** diese Mail beim Personaler ankommt.

Ihr **Anschreiben** hängen Sie ebenfalls als pdf-Dokument mit an. Den gesamten Text können Sie nicht als E-Mail-Text versenden.

Bezeichnend: Ihr Bewerbungs-Anhang sollte namentlich klar bezeichnet werden. Beispiel: "Bewerbung-Max-Meier.pdf".

Um die Anzahl der Anhänge Ihrer Bewerbungsmail gering zu halten, empfehle ich neben dem Anschreiben nur **eine einzige Datei**.

Gleiches gelingt selbstverständlich auch mit einem Bildbearbeitungsprogramm oder Grafikprogramm wie Gimp (kostenlos!).

Mit einem Rechtsklick auf die Grafik, die Ihnen noch nicht gefällt, können Sie Änderungen vornehmen.

Insbesondere die Dokumente sollen im Ausdruck prima und **kontrastreich** aussehen. Kontrollieren Sie dies.

Korrektur auf Papier: Drucken Sie Ihre Bewerbung aus, um sie zu checken. Dazu sollten Sie einen Freund um Hilfe bitten.

Dabei müssen Sie im Normalfall keine Einträge bei dem sich nun öffnenden Fenster durchführen. Die Software arbeitet eigenständig.

Drucker wählen: Bei der Verwendung von PDF-Creator ersetzen Sie Ihren Drucker durch das Programm PDF-Creator. Fertig ist die Mappe!

Exportieren: Im Writer von Open Office wählen Sie "Datei/Exportieren als pdf" und geben dann den Pfad für das Speichern an.

PDF-Format: Ihre Datei versenden Sie im PDF-Format. Mit Open Office-Writer, PDF-Creator und anderen Gratis-Programmen klappt das im Nu.

Portables-Dokumenten-Format   PDF: Jedes Betriebssystem kann dieses Format lesen. Schreiben Sie Ihre Bewerbung mit einem Apple, kann ich Sie mit einem Windowsrechner auch lesen.

An jedem Word-Dokument kann jeder ändern. Wenn Sie wollen, dass dies nicht geschieht, dann **entscheiden Sie sich fürs PDF-Dateiformat.**

Um Ihre Bewerbungsmappe vom Datenumfang klein zu halten, können Sie sie **komprimieren** (WinZip) oder in das sogenannte PDF-Format verwandeln.

Bild rechts oben: Bei Word mit der rechten Maustaste auf das Bild klicken und "Layout/Hinter den Text" auswählen.

Wenn Sie Ihr Foto nicht nach oben auf den Lebenslauf verschieben können, dann klicken Sie bei Writer auf "Bild/Umlauf/Durchlauf".

Sollten Ihre Dokumente zu groß auf der Seite erscheinen, dann fassen Sie den Bildrahmen mit der Maus an der Ecke an und ändern die Größe.

Bei Word klicken Sie auf das Bild und wählen das Icon mit der waagerechten Linie, die eine kleine senkrechte als Lot hat. Damit ändern Sie.

Bei Writer klicken Sie dazu mit der rechten Maustaste auf das Bild. Dann wählen Sie "Bild" und im folgenden Menü den Reiter "Zuschneiden".

Zuschneiden: Klappt das nicht, dann können Sie Ihre Dokumente als Bild in MS-Word oder Open Offive-Writer auch zuschneiden.

Oft werden Sie das Problem der schwarzen Ränder beim Scannen haben. Mit einem guten Grafikprogramm (Gimp o.ä.) radieren Sie diese weg.

Jpg ist die gute Wahl: Das komprimierte Format "jpg" ist die Idealbesetzung für Ihre gescannten Daten. So bleibt der Datenumfang geringer.

Bitmaps oder Tiff-Dateien machen aus Ihrem Hauptschulzeugnis eine große Nummer. Mehr als 25 MB pro Dokument sind möglich. Das ist zuviel.

Scannen: Zeugnisse, Weiterbildungsnachweise und Zertifikate müssen eingescannt werden. Hier soll die Datenmenge recht klein gehalten werden.

Word oder OpenOffice-Writer: Mit einem Textverarbeitungsprogramm Ihrer Wahl haben Sie Ihren Lebenslauf verfasst. Nun fehlen die Zeugnisse usw.

Schlüsselworte aus der Stellenausschreibung gehören auch in den Text der E-Mail.

Im E-Mail-Text listen Sie nach dem freundlichen Gruß die **Namen der Anhänge** auf. So informieren Sie und lenken die Aufmerksamkeit.

Wenn ausschließlich E-Mail-Bewerbung ohne Anhänge zulässig sind (selten), dann können Sie den Text Ihres Anschreibens verwenden.

Kurz und knackig: Der eigentliche E-Mail-Text soll interessant gestaltet und kurz verfasst sein. Auch hier zählt: Interesse wecken.

Ausprobieren: Senden Sie sich selbst eine Probemail, dann wissen Sie wie Ihre Betreffzeile rüberkommt.

Mittelweg: Hier ist ein wenig Fingerspitzengefühl gefragt. Zu lang darf die Betreffzeile auch nicht geraten. Komplett lesbar muss sie sein.

Unterscheiden ist angesagt: Ihre Betreffzeile darf ruhig etwas länger sein, als die der anderen Bewerber!

In die Betreffzeile gehört ein kräftiger Begriff. "Bewerbung als Bürokauffrau" ist gut. "Bewerbung als Organisationstalent" ist besser.

Tun Sie dies doch, denkt der Personaler nicht, dass genau DIE Bewerbung Ihnen wichtig ist. Er klickt Sie mit "Entf" aus dem Rennen.

Einmalig: Ihre Bewerbung senden Sie nur an einen Empfänger. Unter "CC" tragen Sie niemals eine Adresse ein.

Faul? Außerdem erspart es Ihnen auch Zeit, denn Sie brauchen diese Angaben nicht jedes Mal per Hand eintragen.

Das wirkt professionell und ermöglicht Ihnen die Angabe von Vorname, Name und den wichtigen Kontaktdaten.

Signatur: Nahezu alle E-Mailprogramme gestatten das Anlegen einer sogenannten Signatur. Diese erscheint automatisch am Ende der E-Mail.

Htlm-Format für E-Mails sieht gut aus. Das schlichte Textformat ist mit Sicherheit von jedem Empfänger zu lesen und damit die bessere Wahl.

Spamming: Sonst versperren Ihnen die häufigen Spam-Mails den sicheren Blick auf wichtige E-Mails, die eingegangen sind.

Schwerpunkt: Verwenden Sie am besten ein E-Mailpostfach nur für Bewerbungen. Dann bekommen Sie auch rechtzeitig mit, wenn Antwort eingeht.

Provider wie gmx.de, web.de, yahoo.de, hotmail.de, live.de bieten eine oder mehrere kostenlose E-Mail-Adressen. Richten Sie dort eine ein.

Seriöse Adresse: Verwenden Sie als Absender eine Adresse wie Max-Muster@muster.com. Scharfer@totschick.de ist wirklich nicht seriös.

E-Mailadresse, Straße, Wohnort sowie Telefonnummer/Handynummer sind ebenso selbstverständlich wie Ihr Name und Titel. Das steht auch oben.

Persönliche Daten und Familienstand stehen im oberen Block Ihres tabellarischen Lebenslaufes.

Lückenlos: Angaben über bisherige Tätigkeiten und Arbeitgeber mit genauen Zeitangaben sind lückenlos aufzuführen.

Topics: Aus- und Weiterbildungen, Hauptaufgaben in der Vergangenheit sowie Ihre größten Erfolge sind auch Thema im Lebenslauf.

Topics: Im Lebenslauf stehen Sprachkenntnisse, PC-Kenntnisse und sonstige für den Job wichtige Qualifikationen.

Zwei Seiten: Dampfen Sie Ihren Lebenslauf auf zwei Seiten ein. Mehr Infos verwirren. Fassen Sie sich kurz!

Interesse: Stichworte für das Vorstellungsgespräch gibt Ihnen Ihr Lebenslauf. Außerdem soll er Interesse für Sie wecken.

Autogramm: Ob Sie Ihren Lebenslauf unterschreiben, ist Ansichtssache. Ich finde ihn mit Autogramm persönlicher und verbindlicher.

Vollständig: Zu jeder schriftlichen Bewerbung gehören Anschreiben, Lebenslauf, Arbeitszeugnisse und Nachweise über sonstige Qualifikationen.

Deckblatt? Ein Deckblatt hindert Sie am Bewerben. Die wichtigen Infos stehen auch im Lebenslauf. Oben rechts lächeln Sie die Personaler an.

Deckblatt? Wenn Sie sich für ein Deckblatt mit Foto und Anschrift/Kontaktangaben entscheiden, dann gehört dieses auf den Lebenslauf.

Reihenfolge: In der Mappe stecken Ihre Zeugnisse chronologisch rückwärts. Auf das Aktuelle kommt der Lebenslauf mit Bewerbungsfoto.

Keine Originale: Niemals versenden Sie Ihre Originalzeugnisse. Ein Drama, wenn diese beim Unternehmen verschwinden!

Dezent transparent: Als Mappe wählen Sie eine mit dezenter Farbe und mit transparentem Deckel. So ist Ihr Foto bereits von außen zu sehen.

DIN A4: Ihre Mappe und Ihr Anschreiben versenden Sie in einem AUSREICHEND frankiertem DIN A4-Umschlag.

Klarsichthüllen für Zeugnisse und andere Dokumente sind nicht mehr zeitgemäß. Außerdem spart der Verzicht Ihnen Bares.

Ungelocht: Alle Unterlagen Ihrer schriftlichen Bewerbung stecken Sie ohne Tackernadeln und bitte ungelocht in Ihre Mappe.

Außen vor: Ihr Anschreiben legen Sie lose auf die Bewerbungsmappe. So bringen Sie Ihre Infos rasch an den Mann.

Recycling? Prüfen Sie den Zustand Ihrer Unterlagen nach Rücksendung. Im Zweifelsfall für weitere Bewerbung lieber Neue ausdrucken.

Seriösität online: Verwenden Sie für Ihre Bewerbung eine E-Mail-Adresse mit Ihrem Namen. Schnuckiputzi20010@xxx.com ist nicht die gute Wahl!

Immer erreichbar: Geben Sie im Bewerbungsprozess eine Telefonnummer an, unter der Sie immer erreichbar sind.

Würde, hätte, könnte? Vermeiden Sie in Ihrem Anschreiben den Konjunktiv. Dieser bildet Ihre Einstellungen nicht scharf ab.

Heute kommen nachfolgend noch einige Tipps für Ihr nächstes Vorstellungsgespräch.

Auf den Punkt: Pünktlichkeit und Zuverlässigkeit sind Tugenden, die auch im digitalen Zeitalter noch wert geschätzt werden!

Selbstbewusst heißt nicht forsch: Sie überlassen stets dem Personaler die Führung des Vorstellungsgesprächs.

Ruhig bleiben! Auch wenn Sie lange warten müssen - Bleiben Sie gelassen und ruhig. Schließlich kann ja überall mal was dazwischen kommen.

Möchten Sie etwas trinken? Lehnen Sie alkoholische Getränke ab. Auch der Kaffee muss nicht wirklich sein. Sie sind nicht beim Kaffeeklatsch!

Partner! Treten Sie als zukünftiger Mitarbeiter auf. Selbstbewusste Arbeitnehmer sind keine Bittsteller.

Flagge zeigen: Verschaffen Sie sich Kenntnisse über Unternehmen, Job und die kommenden neuen Anforderungen.

Initiative zeigen: Stellen Sie Fragen zum Unternehmen! Erbitten Sie freundlich eine Führung durch den Betrieb.

Signalisieren Sie Lernbereitschaft! Mit Ihnen sind schnelle Einarbeitung, Überstunden und zusätzliche Aufgaben möglich.

Letzter Job: Erzählen Sie nur Gutes. Bitte niemals schlecht im Vorstellungsgespräch über Ihren letzten Arbeitgeber reden!

"Was stört Sie an Ihnen am meisten?" Denken Sie sich eine Schwäche aus, die Sie dann ins Gegenteil moderieren können.

"Ich bin wie eine Glucke", sagt mein 3ojähriger Sohn! Stimmt, aber bei meiner Arbeit bin ich ebenso sorgsam im Umgang mit Werten!

"Was haben wir für einen Vorteil, wenn wir genau SIE einstellen?" Hier genau ist Platz für Ihre Stärken. Legen Sie mit Vollgas los!

"Warum haben Sie diesen Beruf erlernt?" Hier sind gute Gründe und passende Argumente gefragt. Kommen Sie hier schon ins Schleudern?

"Warum wollen Sie gerade bei uns arbeiten?" Die Antwort darauf muss wie aus der Pistole geschossen kommen. Bereiten Sie sich darauf vor!

Übrigens: Eine normale **Redepause** zur Strukturierung des Redeflusses dauert so lange wie das Wort P- A- U- S- E auszusprechen.

Sprechen Sie "Doppelpunktpause" einmal, dann wissen Sie wie lange eine peinliche Pause andauert.

Bereiten Sie sich auch auf **unangenehme Fragen** wie z.B. nach Lücken im Lebenslauf sorgfältig vor. Das verhindert peinliche Pausen.

Überzeugen ohne Worte: Kippeln Sie nicht mit Ihrem Stuhl. Mit guter Vorbereitung lässt Ihre Nervosität rasch nach.

Überzeugen ohne Worte: Behalten Sie eine aufrechte Sitzposition und senken Sie nicht den Kopf. Das wirkt nicht selbstbewusst.

Überzeugen ohne Worte: Tragen Sie gleich zu Beginn des Gesprächs dafür Sorge, das Sie auch bequem auf Ihrem Stuhl sitzen.

Überzeugen ohne Worte: Bleiben Sie immer freundlich und aufgeschlossen. Ganz wichtig: Lassen Sie Ihr Gegenüber unbedingt ausreden.

Überzeugen ohne Worte: Reden Sie mit Betonung und deutlicher Aussprache. Das schafft Personality.

Überzeugen ohne Worte: Halten Sie im Vorstellungsgespräch stets den Blickkontakt. Das schafft Verbundenheit.

Authentisch: Wer sich im Assessment verstellt, hat nur noch geringe Chancen. Gegeb Sie sich so wie Sie sind.

Stress im Assessment-Center? Bereiten Sie sich degenmäßig auf diese Prüfung vor. Fachliche und soziale Kompetenzen sind hier gefragt.

Rollenspiele: Rechnen Sie mit ganz großem Kino. Seien Sie auf intensive Rollenspiele gefasst.

Ohne Foto? Nicht mehr Pflicht aber Kür: Mit Ihrem Bewerbungsfoto auf dem Lebenslauf können Sie Pluspunkte sammeln.

Spielregeln gibt es beim Format des Bewerberfotos nicht. Wichtig ist, dass es seriös ist und Ihnen gefällt.

Branchenkonform: Ihr Foto muss zu Ihrer Branche passen. Keine allzu freizügigen Bilder in der Mappe verwenden!

Begeistern Sie andere von Ihren Ideen. Dann wird auch der Personaler begeistert sein.

Initiativ: Bewerben Sie sich auch einfach so bei Unternehmen, für die Sie gerne arbeiten möchten.

Aus DSDS lernen: Beobachten Sie die Präsentation der Kandidaten. Wie bewegen sie sich im Raum. Auch Sie gehen bald zum Jobcasting!

Reißen Sie sich darum, Vorträge oder Reden zu halten: Das übt ungemein und hilft im Bewerbungsprozess.

Engagieren Sie sich ehrenamtlich in Vereinen o.ä. Auch hier knüpfen Sie neue wichtige Kontakte für die erfolgreiche Zukunft.

Üben Sie **SMALLTALK** mit allen, die Sie treffen. Ihr Sprechdenken trainiert sich im Handumdrehen. Gut fürs Gespräch!

Daheim sterben die Leut´: Gehen Sie raus, knüpfen Sie neue Kontakte. Erweitern Sie die Menge der Menschen, die Sie kennen.

Niemals den Text des Bewerbungsanschreibens als E-Mail-Text verwenden. Sie wissen nicht, wie der Ausdruck bei der Firma aussieht.

Online-Bewerbungen bestehen aus zwei pdf- oder Word-Dateien: 1. Anschreiben und 2. Bewerbungsmappe.

Knigge: Informieren Sie sich über die grundlegenden Höflichkeitsregeln. Das bringt nicht nur im Bewerbungsgespräch Punkte.

Kein Bild: Ohne Bewerberfoto wird Ihre Bewerbung nicht zünden. Jeder Personaler kauft/mietet das Gesamtpaket.

Vergessen Sie NIE das Anschreiben: Eine Bewerbung funktioniert nur so. Lebenslauf alleine reicht nicht.

Dienstleister wie Frisöre o.ä. sollten sich vorab einen persönlichen Eindruck vom Wunschbetrieb machen. Gehen Sie zum Haare schneiden!

CI: Sie können bei der Schriftauswahl selbstverständlich auch die Schrift des Unternehmens verwenden. Das fällt auf!

Wenn Ihre Bewerbung einfach und ehrlich ist, dadurch Aufmerksamkeit und Interesse erzielt, dann schlägt sie ein.

Durchsichtig: Ihre Bewerbungsmappe muss durchsichtig sein. Die erste Seite ist Lebenslauf mit Foto oben rechts. das Anschreiben kommt extra.

Rasch: Ihre schriftliche Bewerbung muss schnell zu lesen sein. Verzichten Sie auf klotziges Design. Verwenden Sie "Margarineschriften".

Gestalten Sie einen Bewerbungsflyer oder eine Postkarte mit Ihrem Nutzen. Tragen Sie genug davon mit sich rum. Verteilen Sie diese.

Machen Sie sich interessant. Erzählen Sie im Vorstellungsgespräch eine spannende Geschichte. Nie den Lebenslauf nachbeten.

Gehen Sie dahin, wo die Arbeit ist. Besuchen Sie Messen, Informationstage und Kammerveranstaltungen. Fragen Sie bei der IHK!

Ihr Beruf ist out und nicht mehr gesucht? Dann beginnen Sie quer zu denken. Was können Sie noch? Wer sucht das? Bewerben Sie sich dort.

Denken Sie nicht, dass Sie sich verkaufen müssen. In Wirklichkeit vermieten Sie Ihre fachlichen und sozialen Kompetenzen.

Wenn Sie nach Ihrer Berufstätigkeit fragt, dann antworten Sie NIEMALS "Ich bin arbeitslos". Ich bin Verkäuferin o.ä. ist richtig.

Probleme beim Anschreiben? Drehen Sie Stellenanzeigen einfach um. Ersetzen Sie "Wir suchen" gegen "Ich biete". Probieren Sie es gleich aus.

Job verloren? Im Bewerbergespräch brauchen Sie darüber nicht viele Worte verlieren. Schon gar keine Entschuldigungen o.ä.

Planung: Nutzen Sie jede Möglichkeit der Weiterbildung. Erlernen Sie z.B. den Umgang mit den neuesten Office-Programmen oder Windows 7.

Kompetenzen überprüfen: Sie haben mehr soziale Qualitäten (Umgang mit Menschen) als Sie glauben. Nachdenken lohnt sich.

Klar und deutlich: Bewerbungen sind erfolgreich, wenn sie einfach, klar und deutlich rüberkommen. Schnick-Schnack adé!

PC: Internetrecherche und Textverarbeitung - alles andere bringt Sie nicht wirklich voran (Programmierer und Designer ausgenommen).

Fremde Sprachen: Bringen Sie Ihr Englisch (o.ä.) auf Vordermann. Es kann Ihnen beim nächsten Gespräch hilfreich sein.

Anrufen, anrufen, anrufen! Was Sie telefonisch im Bewerbungsprozess erledigen können, klären Sie telefonisch. Das geht schneller.

Arbeitslos? Sprechen Sie das NIE aus. Erzählen Sie z.B., dass Sie sich gerade weiterbilden etc. Das kommt besser an.

Haben Sie **Visitenkarten oder Bewerbungsflyer**? Wenn ja: Streuen Sie diese im passenden Umfeld. Daheim liegen sie falsch.

Deckblatt? Das Basteln an schicken Deckblättern hindert Bewerber sich zu bewerben. Auf optischen Erfolg erfolgt kein wirtschaftlicher.

Foto muss mit: Bewerbungen mit Farbfoto prägen sich einfach nachhaltiger beim Personaler ein.

Branchenüblich soll die Kleidung im Vorstellungsgespräch sein. Der Fitnesstrainer braucht keinen Anzug!

Aufdringliches Parfüm ist Erfolgsvermeider und lediglich als ästhetische Emission im Vorstellungsgespräch zu betrachten.

Sexy: Dieser Eindruck entsteht bei einem zu kurzen Rock. Beachten Sie den Dress-Code. Bis ans Knie ist besser.

Gehalts-Frage: Warten Sie ab, bis Sie nach Ihren Vorstellungen gefragt werden. Nicht voreilig sein, lautet die Devise.

Keine Zeit verlieren: Ihr Lebenslauf muss mit einem Blick zu erfassen sein. Personaler sollten ihn wie ein schönes Bild lesen können.

Freies Reden: Schulen Sie täglich Ihre rhetorischen Fähigkeiten mit Büchern, Vorträgen und in privaten Unterhaltungen.

Weiterbildungsmessen und Job-Messen bieten dazu beste Möglichkeiten. Recherchieren Sie jetzt!

Kontaktfeld erweitern: Nehmen Sie sich täglich vor, neue Leute kennen zu lernen. So erhöhen Sie die Jobchancen.

UCLA, RAMMSTEIN & Co.: Bekleidung mit Aufdruck scheidet für das Vorstellungsgespräch aus. Das betrifft auch Taschen.

Agentur: Auch bei der Agentur für Arbeit können Sie ein Bewerberprofil unterbringen. Arbeitgeber recherchieren gerne dort.

Online: Gestalten Sie eine feine Bewerberhomepage im Internet. Dann können Sie mit einem Link in Mails darauf verweisen.

Nach Aktualität sortieren Sie Ihre berufliche Tätigkeit: Der letzte Job gehört an die erste Stelle im Lebenslauf.

Klein aber fein: Ihr pdf als Mailanhang Ihrer elektronischen Bewerbung sollte 2 MB als Dateigröße nicht überschreiten.

Die Farbe des Geldes ist nicht Schwarz: Wählen Sie eine freundliche Farbe für Ihre Bewerbungsmappe. Nur Bestatter wählen black.

Das Anschreiben Ihrer Bewerbung gehört NICHT in die Bewerbungsmappe, sondern wird extra beigefügt.

Information ist alles! Zahlreiche Infos übers Unternehmen holen Sie im Internet ein. Uninformiert zu sein, ist ein Jobkiller.

Kleines Schwarzes? Die Kleidung für das Vorstellungsgespräch bitte am Vorabend auswählen. Das erspart Stress am Morgen danach.

Englisch sicher in Wort und Schrift? Rechnen Sie bei dem Eintrag im Lebenslauf damit, dass das Gespräch auf Englisch weiter geht.

Katholisch, oder was? Die Angabe der Religion macht nur Sinn, wenn Sie sich bei einem religiösem Unternehmen bewerben.

Karate? American Football? Unter Hobbies tragen Sie im Lebenslauf nur die ein, die nicht nach montags immer krank klingen.

Lücken im Lebenslauf? Legen Sie sich Antworten dafür zurecht, denn die passenden Fragen dazu werden kommen. Garantiert!

Nur Gutes: Berichten Sie nur von Dingen, die Sie ins rechte (positive) Licht setzen.

Nur **7% Bedeutung hat Ihr fachliches Wissen** in der Kommunikation. Das bedeutet aber nicht, dass Sie keine Ahnung haben müssen.

Stimme und Sprechtechnik spielen mit 38 % auch eine große Rolle in Ihrer Kommunikation. Sprachtraining bringt Erfolg.

Körpersprache dominiert: Mit 55% ist es die Körpersprache, die über Sie erzählt. Üben Sie Ihr Gespräch vor dem Spiegel oder einer Kamera.

Noch Fragen? Beim Vorstellungsgespräch müssen Sie an dieser Stelle welche haben, sonst denken Personaler, Sie haben kein Interesse.

Jutebeutel adé: Zum Vorstellungsgespräch muss die Tasche stylisch schlicht sein. Ihr Notebookkoffer scheidet ebenfalls aus.

Bei **Initiativbewerbungen** recherchieren Sie bitte den Namen des Personalsachbearbeiters. Das erhöht Ihre Chancen u. 30 %.

Namen sind wichtig: Sprechen Sie Menschen immer mit Ihrem Namen an. Auch beim Bewerbungsanschreiben. Das bringt Erfolg.

Ausschlafen ist ebenso wichtig. Nur dann sind Sie auch richtig fit und können sich bestens von Ihrer Schokoladenseite zeigen.

Am **Tag vor dem Vorstellungsgespräch** sollten Sie lieber keine knoblauchhaltigen Speisen zu sich nehmen. Gleiches gilt für Alkohol!

Durchsichtig sollen sie sein, die Bewerbungs-mappen. Nur so sieht der Personalentscheider sofort das Foto auf Lebenslauf oder Deckblatt.

Auf **die richtige E-Mailadresse** kommt es an: Schnucki433@gmx.de taugt nichts für Bewerbungsmails. Besser ist IhrName@tmx.de.

Scannen Sie alle Zeugnisse und basteln Sie so eine **digitale Bewerbungsmappe** als pdf. Deckblatt, Lebenslauf und Zeugnisse gehören dazu.

Blickkontakt ist im Vorstellungsgespräch ganz besonders wichtig. Schauen Sie Ihren Gegenüber öfters in die Augen.

Unterscheiden Sie sich von anderen. Das beginnt schon beim Anschreiben. Sammeln Sie zeilenweise Pluspunkte durch starke Worte.

Namen sind wichtig: Informieren Sie sich vorher wie der Mensch heißt, bei dem Sie zum Vorstellungsgespräch eingeladen sind.

Sprechen Sie Menschen immer mit Ihrem Namen an. Jeder möchte gerne seinen Namen hören. So erreichen Sie einen leichteren Zugang.

Im Bewerbungsschreiben vermittelt eine allgemeine Ansprache, dass Sie kein besonderes Interesse am Unternehmen haben.

Behalten Sie Ihre Meinung über den früheren Arbeitgeber im Vorstellungsgespräch für sich. Loyalität ist alles, was zählt.

Social Net: Ihre Fotos bei facebook & Co sollten auch Bewerberstandard erfüllen. Miederwäsche und Gothikschminke sprechen gegen Sie.

Personaler recherchieren im Internet nach ihren Bewerbern. Achten Sie bei Ihren Profilen bei Verzeichnissen und Plattformen darauf.

Bewerbersite: Erstellen Sie Ihr Bewerberprofil auf einer eigenen Homepage und sorgen Sie dafür, dass diese bei Google gut gerankt wird.

Sammeln Sie Nachweise über alle Tätigkeiten, die Sie jemals ausgeübt haben. Dies können Empfehlungen oder einfach Bestätigungen sein.

Haben Sie Kinder? Dann sprechen Sie im Vorstellungsgespräch zuerst über die gute und zuverlässige Betreuung, die Sie gefunden haben.

Die Anzahl Ihrer Kinder gehört nicht in den Lebenslauf. Überlassen Sie die Debatte darüber dem Vorstellungsgespräch.

Gläubig? Dann behalten Sie das erst einmal für sich. Nur wenn der Arbeitgeber religiös aufgestellt ist, dann schreiben Sie darüber.

Sportlich? Alle Kontaktsportarten wie Handball, Fussball oder Kampfsport haben im Lebenslauf nicht verloren.

Nur wenn Sie sich z.B. als Pferdewirtin bewerben, sollten Sie Ihr Hobby Pferdezucht erwähnen. Sonst gilt: Hobbys raus aus dem Lebenslauf.

Bild machen: Verwenden Sie Ihr Bewerbungs-bild oben rechts auf dem Lebens-lauf. Nur so können sich die Personaler ein Bild von Ihnen machen.

Oben ohne ist Out: Niemals eine Bewerbung ohne Ihr Foto versenden. Auch wenn Gesetze anderes verlauten lassen: Sie verschicken Ihr Bild mit.

Hochwertig: Für den Druck Ihres Lebenslaufes können Sie bei Papierwahl und Druckereinstellung auf hohe Qualität zugreifen. Das wirkt besser.

Einseitig: Wenn Sie es schaffen, dann dampfen Sie Ihre Karriere auf eine DIN A4 Seite ein. Höchstens 2 Seiten sind für den Lebenslauf O.K.

Einfach ehrlich: Soll Ihr Lebenslauf rasch wirken, dann muss er einfach klar aufgebaut sein. Ach ja: Ehrlichkeit ist selbstverständlich.

Margarineschrift: Verwenden Sie leicht und schnell lesbare Schriften. Nehmen Sie die aus der Margarinewerbung. Arial und Verdana sind chic.

Umgekehrt: Der Lebenslauf zählt in umgekehrter chronologischer Reihenfolge alle wichtigen Etappen Ihrer Karriere auf.

Unterschrieben: Ihr Lebenslauf muss mit aktuellem Datum und Ihrer persönlichen Unterschrift darunter versehen sein.

Kein Fall für Graphologen: Ihre Unterschrift unterzeichnet das Dokument „Lebenslauf". Graphologen werden sich damit nicht befassen.

Selektion erforderlich: Nur die wichtigsten und aktuellen Zeugnisse werden hinter dem Lebenslauf eingefügt.

Besserwisser: Suchen Sie sich einen Coach! Nur jemand, der vieles besser weiß als Sie, kann Ihnen behilflich sein.

Leberwurst: Nehmen Sie die Ratschläge Ihres Coach auch an. Bitte bei harscher Kritik nicht gleich beleidigt sein.

Zielstrebig: Reden Sie darüber, was Sie mit Ihrer Leistung/Ihrem Einsatz in Zukunft alles erreichen wollen. Das kommt gut an.

Im Gespräch sollten Sie sich offen, ehrlich und wortgewandt zeigen. Nur so verteilen Sie Infos über Ihr persönliches Komplettpaket.

Vor dem Fall: Hochmutiges und überhebliches Auftreten im Bewerbergespräch bringt Minuspunkte statt Job. Sie entscheiden!

Auf dem Tisch: Jeder sieht Ihre Hände. Auch hier sind Pflege, Sorgfalt und Reinigung von entscheidendem Vorteil.

Shoe-Tick: Der Zustand der Schuhe spricht Bände. Schiefe Absätze und Schmutz sprechen gegen Sie als sorgfältiger Mitarbeiter in spe.

Dress-Code: Die Auswahl Ihrer Kleider ist wichtig. Ihr Erscheinungsbild insgesamt muss dem Unternehmen angemessen sein.

Overdressed ist out: Der Mechatroniker muss nicht in der Werkstatt im Nadelstreifenanzug erscheinen. Auch der Blaumann scheidet aus.

Leben Sie Ihr Netzwerk. Bauen Sie es stets weiter aus. Sprechen Sie fremde Menschen an, z.B. im Zug oder Bus. Das schafft neue Kontakte.

Nutzen Sie Twitter, Facebook und Xing zur Erweiterung Ihres Netzwerkes. Was früher Vetternwirtschaft war, heißt heute Networking!

Geschwindigkeit: Ihr Lebenslauf muss schnell zu erfassen sein. Klarer Aufbau und serifenlose Schrift sind dabei ein Must-have.

Nachweise sammeln: Horten Sie Empfehlungen und Bestätigungen für alle Ihre Tätigkeiten. Das betrifft auch Praktika.

Vergleichen Sie Anforderungsprofil mit Ihren Kompetenzen. Wenn diese nicht übereinstimmen - schenken Sie sich die Bewerbung.

Überprüfen Sie mit **Sorgfalt Ihre Angaben** in der Mappe. Telefonnummer, Anschrift und Mailadresse müssen stimmen.

Probearbeiten: Lassen Sie sich möglichst nicht auf mehr als zwei Tage ein. Alles andere klingt nach Ausbeutung.

Drehen Sie eine Stellenanzeige einmal um. Tauschen Sie „Wir suchen" mit „Ich biete" und schon steht Ihr Grundgerüst für das Anschreiben.

Telefonische Bewerbung: Suchen Sie sich einen ruhigen Ort, um sich telefonisch zu bewerben. Kinder, Hunde oder Küchenmaschinen stören dabei.

Präsent: Halten Sie Ihre Bewerbungsunterlagen stets bereit. Bei einem Castinganruf sollten Sie diese rasch zur Hand haben.

Auf Anruf gefasst sein: Viele Unternehmen casten Bewerber vorab telefonisch. Seien Sie auf einen solchen Anruf vorbereitet.

Nur glauben, was Sie sehen. Erst wenn der Arbeitsvertrag unterschrieben ist, sind Sie keine Bewerber mehr. Ich kenne Geschichten...

Twittern: Nutzen Sie Tweets um sich zu mit Ihren Kompetenzen zu präsentieren. Auch hier gilt: fassen Sie sich kurz.

Nachfassen: Hören Sie länger als zwei Wochen nach dem Vorstellungsgespräch nichts vom Arbeitgeber, dann rufen Sie an und fragen nach.

Gleiches gilt dann, wenn Sie nach einer schriftlichen Bewerbung länger als 14 Tage keine Info bekommen haben.

Zu dick? Verwenden Sie nur die wichtigsten und aktuellen Zeugnisse. Auf Wunsch können Sie die restlichen ja nachliefern.

Unsinn! Wer 1959 geboren ist, braucht sein Hauptschulzeugnis nicht mehr zur Bewerbung hinzufügen. Die Arbeitszeugnisse reichen aus.

Resumée: Nach dem Gespräch halten Sie einmal inne und lassen alles Revue passieren. Was hätte Sie alles besser machen können?

Ruhe: Suchen Sie sich einen Raum aus, in dem Sie ungestört telefonieren können. Schalten Sie auch die Türklingel aus.

Keine Hektik: Nehmen Sie sich ausreichend Zeit für Ihren Anruf beim Stellenanbieter. Zwischen Tür und Angel wird kein Erfolg daraus.

Sammeln: Bevor Sie anrufen, sortieren Sie Ihre Gedanken und konzentrieren Sie sich auf Ihren Willen. Was wollen Sie erreichen?

Aktiv zuhören: Während des Gespräches hören Sie voll konzentriert zu und zeigen dies auch z.B. durch ein „Ja" an der richtigen Stelle.

Zusammenfassung: Am Ende des Gespräches fassen Sie alle wichtigen Ergebnisse zusammen und wiederholen diese. Das schafft Klarheit.

Danke schön: Bedanken Sie sich für das Gespräch und dass sich Ihr Gegenüber für Sie Zeit genommen hat.

Schicken Sie stets einen schönen **tageszeitgemäßen Gruß** durch die Leitung. Das gefällt und ist höflich.

Stichpunkte: Vor Ihrem Bewerbungstelefonat notieren Sie sich wichtige Stichpunkte. Sonst vergessen Sie etwas.

RAUM FÜR EIGENE NOTIZEN

Das habe ich mir gemerkt:

_____

_____

_____

_____

_____

_____

_____

Das will ich künftig ändern:

_____

_____

_____

_____

_____

_____

_____

Dann erreiche ich:

_____

_____

_____

_____

_____

_____
_____
_____
_____

Zu meinem Netzwerk gehören:

_____
_____
_____
_____
_____
_____
_____
_____
_____

ALLEM ZUM TROTZ: UMGANG MIT ABSAGEN

Na – haben Sie schon eine Extra-Schublade in Ihrem Schreibtisch, in den Sie die Absagen hinein feuern? Noch nicht? Dann sind Sie fein raus.

Traurig ist es allemal, wenn aus Ihrem Briefkasten der große Umschlag heraus lugt, dessen Inhalt Sie schon aus drei Metern Entfernung erkennen. Und die Worte kennen Sie auch: „...Zu unserem Bedauern müssen wir Ihnen mitteilen, das wir Sie dieses Mal bei unserer Bewerberauswahl nicht berücksichtigen konnten. Dies stellt selbstverständlich keine Aussage über Ihre Qualifikationen dar. Wir wünschen Ihnen weiterhin viel Erfolg und verbleiben mit...“

So oder so ähnlich lauten die Absagen auf Bewerbungen, in die Sie Ihre ganzen Hoffnungen gesetzt hatten. Alles ist dann aus und vorbei. Doch das letzte Wort muss mit diesem Schreiben noch lange nicht gesprochen sein. Es besteht für Sie die Möglichkeit das Eisen erneut ins Feuer zu legen. Wie? Ganz einfach! Bringen Sie sich, Ihre Fähigkeiten und Vorzüge mit einer einfachen Reaktion auf die Absage wieder ins Spiel.

Dass dies prima funktionieren kann, zeigt mein Fallbeispiel des jungen Mannes, der einen Ausbildungsplatz zum Betonbauer gesucht hat. Nach der erhaltenen Absage fuhr er sogar in den Betrieb um nachzufragen, was denn eigentlich die genauen Gründe für das Nein waren. Mittlerweile hatte sich der Kandidat Nummer 1 umorientiert und gab einem anderen Ausbildungsplatz den Vorzug. Das Unternehmen stand in dem Moment, als mein Bewerber durch die Tür kam, ohne neuen Auszubildenden da. Er wurde wirklich sehr, sehr freudig begrüßt und bekam den Zuschlag.

Sicherlich, hier handelt es sich um Fügung oder einen wirklich glücklichen Zufall. Dennoch: Mit einer schriftlichen Antwort – am besten per E-Mail – können Sie versuchen noch etwas zu retten. Nett formuliert hat es ein mir persönlich bekannter äußerst qualifizierter Fachlagerist. Er schrieb:

„Sehr geehrte Frau Muster,

herzlichen Dank für Ihre Absage, die ich heute per Post erhielt.

Schade, denn liebend gerne möchte ich meine umfangreichen Qualifikationen in Ihrem Traditionsbetrieb einbringen. Scheinbar soll es nicht sein.

Wenn Sie wieder einmal Mitarbeiter suchen, die mit Gespür für planvolle Arbeits-organisation und Geschick in der Lagerei gerne Dinge für Sie bewegen, dann freue ich mich über eine positive Kontaktaufnahme. Zur Sicherheit füge ich Ihnen meine digitale Bewerbungsmappe als Mailanhang im pdf-Format bei.

Mit freundlichem Gruß

Max Muster"

Nett geschrieben und als letzter Versuch gedacht: So bringt sich der Lagerist einfach nochmal ins Spiel. Ob das was bringt, entscheidet letztendlich König Zufall. Aber der gesamte Bewerbungsprozess lebt aus meiner Sicht im Dunstkreis der Wahrscheinlichkeitsrechnung. Und wenn es mit einer Reaktion auf eine Absage eine weitere Möglichkeit für Erfolg gibt, warum sollte Sie nicht auch diese beim Schopf fassen?

Wie erstaunlich es im Leben zugehen kann, zeigt der folgende Text, der mir heute früh von einem ehemaligen zu Beratenden ins E-Mail-Postfach geschoben wurde. Doch lesen Sie selbst:

„Hallo Michael!

Lang hast Du nichts mehr von mir gehört, ich hätte ja auch nur Negatives berichten können. Jetzt sieht es aber anders aus.

Vorgeschichte:

Eine Firma in XXXX suchte via Anzeige einen Verfahrensmechaniker für den Spritzgussbereich.

Als ich das las dachte ich mir.........Hey, die suchen ja genau mich!"

Also ran an den Rechner und in Windeseile war die Bewerbung per Post unterwegs.

(Schon komisch, dass ich im Geiste grad Deine Stimme höre wie Du in deinen Gruppen von der Geschichte erzählst.

Mein Gott ich höre Stimmen!)

Drei Wochen später bekam ich Post von der Firma, leider mit meinen Unterlagen und einer Absage. Sie meinten, dass aus meinen Unterlagen nicht hervorging welche Erfahrung ich im Spritzguss hätte.

Das sah ich ja komplett anders und verfasste umgehend eine freundlich formulierte Mail an die Zentrale z.H. des Geschäftsführers.

In dieser fragte ich nach, ob es sich evtl. um eine Verwechslung handeln könnte und stellte nochmals meine Kenntnisse in den Vordergrund. Die kompletten Unterlagen hängte ich gleich als pdf an.

Eine Woche verging und nichts passierte, doch dann rief mich tatsächlich der Produktionsleiter an. Er entschuldigte sich für das Missverständnis, darauf ging ich dann gar nicht näher ein und er bot mir einen

Gesprächstermin an. Diesen nahm ich dankend an und saß dann eine Woche später mit ihm und dem Leiter der Technik

an einem Tisch.

In dem Gespräch konnte ich sie neugierig machen und wir vereinbarten zwei Tage Probearbeit. Ich war auf

Grund der Stellenbeschreibung davon ausgegangen dass ich dort mehr oder weniger als Maschinenführer arbeiten würde. Doch weit gefehlt, denn der technische Leiter fragte mich am Ende ob ich mir denn auch wirklich vorstellen könnte eine komplette Schicht zu leiten.

Ups, etwas verdutzt sagte ich ja und so kam es dann zu den zwei Tagen die ich gestern und heute absolviert habe. Kurz vor Feierabend stellte mir der Produktionsleiter (ein echt netter Kerl) so nebenbei die Frage ob ich nicht auch den Rest der Woche kommen könnte.

Ich sagte ihm, dass es kein Problem sei. Mir macht die Arbeit dort echt Spaß und es ist ein anspruchsvolles Aufgabengebiet.

Seine Antwort war:

"Na dann hab ich ja gestern nicht umsonst den Chef in seinem Urlaub in Orlando angerufen und mit ihm über dich gesprochen."

Sein Vorschlag war, dass ich bis Mitte August eine Einarbeitungszeit habe und danach eine Schicht leiten soll. Meine Gehaltsvorstellungen kennt die Firma und das Vertragliche wird dann nächste Woche, wenn der Chef zurück ist, geregelt.

Was sagt uns das? Man sollte nicht jede Absage so hinnehmen und mal durch Hartnäckigkeit überzeugen.

Wieder was für´s Leben gelernt!

Es grüßt Dich ein XXXX der endlich wieder ruhiger schlafen kann!"

Diese Worte sprechen für sich!

DIE 10 BEWERBUNGSTODSÜNDEN

1.   Rechtschreibfehler

63 Prozent der Personalmanager gaben in einer Umfrage von careercuilder.co.uk an, dass Rechtschreibfehler die häufigsten Fehler bei Bewerbungen sind. Bei gleichen Qualifikationen ist eine schlechte Rechtschreibung das Knock-Out-Kriterium. Deshalb: Mehrmals lesen, ausdrucken und von jemandem mit guten sprachlichen Kenntnissen gegenlesen lassen!

2.   Fehlendes Anschreiben

Tatsächlich denken viele Bewerber, ihr Lebenslauf allein sei genug in Sachen Eigenwerbung. Wird allerdings nicht ausdrücklich allein der Lebenslauf verlangt, wandert die Bewerbung ohne Anschreiben direkt in den Papierkorb. Schließlich will ihr potenzieller zukünftiger Chef wissen, warum Sie sich für die Stelle interessieren. Das Anschreiben hebt Qualifikationen hervor, vermittelt zusätzliche Informationen, soll neugierig auf den Lebenslauf machen.

3.   Durchgeknalltes Design

Schreiende Farben, wilde Typographie oder gar lustige Bildchen – all das lässt Personaler zurückzucken. Das

Layout der Bewerbung darf – außer vielleicht bei Kreativberufen – auf keinen Fall zu übertrieben und verwirrend sein. Die Experten von careerbuilder.de empfehlen weißes oder cremefarbenes Standardpapier, schwarze Schrift und eine gut lesbare Schriftart wie Arial oder Times New Roman.

4.   Lügen

Personalmanager kennen zwar Ihre Vergangenheit nicht, aber einige Bewerber-Tricks, um sich besser darzustellen. Vor allem bei Angaben zum früheren Arbeitgeber gilt: Ehrlich währt am längsten. Allerdings ist es vollkommen in Ordnung, etwas zu verschweigen, bis der Personalverantwortliche danach fragt. Eine Entlassung etwa muss nicht erwähnt werden.

5.   Zu wenig Stichwörter

Manche Personaler durchsuchen Online-Lebensläufe nach Stichwörtern. Verwenden Sie Stichwörter und Wendungen, die in Ihren bevorzugten Stellenanzeigen vorkommen, wenn Sie Ihren Lebenslauf ins Internet stellen. Blumige Umschreibungen bringen hier nichts.

6.   Ungenaue, verdächtige Angaben

Sie sollten zwar nur das Wichtige in den Lebenslauf schreiben, das aber richtig. Was schwammig und ungenau formuliert ist, wirkt unseriös, wie etwa das Ausdehnen von Beschäftigungszeiträumen. Warum ein Risiko eingehen? Einer britischen Umfrage zufolge erkennt fast die Hälfte der Personalmanager in den größten Firmen Großbritanniens Unwahrheiten im Lebenslauf.

7.   Private Informationen

Ihre Lieblings-Freizeitbeschäftigungen haben im Lebenslauf nichts verloren, solange Sie nicht für den angestrebten Job relevant sind. Das Gleiche gilt für Größe, Gewicht, Religionszugehörigkeit, sexuelle Orientierung und andere Angaben, die möglicherweise gegen Sie verwendet werden könnten.

8.   Peinliche E-Mail-Adresse

Für den Kontakt mit Ihren Freunden mag eine Mail-Adresse wie superchecker-bunny@aol.de oder kleinerteufel86@hotmail.com durchaus geeignet und lustig sein. Für Ihren Lebenslauf nicht. Achten Sie darauf, als Kontakt-Adresse eine einfache, seriöse und sinnvolle Kombination wie Vorname.Name zu verwenden, wenn Sie nicht kindisch und unprofessionell wirken wollen.

9. Foto weglassen

Jürgen Hesse vom Büro für Berufsstrategie in Berlin: „Wer das Foto weglässt, wird nicht zum Vorstellungsgespräch eingeladen." Denn das Foto ist ein wichtiger Sympathieträger.

Tipp: Lassen Sie Profis ran! Vermeiden Sie grelle Kleidung und auffällige Accessoires. Andererseits kann ein außergewöhnliches Foto-Format Interesse wecken. Und bitte: Lächeln Sie!

10. Fehlende Unterschrift

Nicht nur unter das Anschreiben gehören Datum, Ort und Ihre Signatur, sondern selbstverständlich auch unter den Lebenslauf. Damit bürgen Sie für dessen Richtigkeit und Aktualität. Die Unterschrift sollte über Ihrem kompletten, gedruckten Namen stehen. Es wirkt immer sympathischer, noch einmal Vor- und Nachname zu lesen.

Quelle: bild.de

JOBBÖRSEN IM INTERNET

Technischer Wandel und sekundenschnelle Änderungen kennzeichnen alle Belange des Internet. Obwohl viele Websites von einem auf den anderen Tag vom Markt verschwinden, serviere ich Ihnen hier eine Liste von Suchmaschinen, die für Ihre Jobsuche und Ihren Bewerbungsprozess von Belang sein können. Vergeben Sie es mir, wenn die eine oder andere Adresse nicht mehr aktuell ist, wenn Sie sie aufrufen. Hilfreich sein wird diese Kapitel dennoch.

Nutzen Sie für weitere Aktivitäten die Suchmaschine http://www.google.de. Wenn Sie dort die Stichworte „Bewerbung", „Jobsuchmaschine" oder „Stellensuche" eingeben, dann werden Sie sehr schnell fündig. Falls Ihnen die Bewerbungstipps in dieser Publikation nicht ausreichen: Im Internet finden Sie auch welche.

http://www.aaarbeit.de

http://www.abconline.de

http://www.absolutebeginners.de

http://www.absolventa.de

http://www.academics.de

http://www.access.de

http://www.aerztestellen.de

http://www.agrijob.de

http://www.ahgzjobs.de

http://www.aktuelle-jobs.de

http://www.almamater.de

http://www.analytik.de

http://www.analytik-news.de/Jobs

http://www.ansus.de

http://www.anthrojob.de

http://www.anwaltsblatt-karriere.de

http://www.arasis.de

http://www.arbeit-regional.de

http://www.arbeiten.de

http://www.arbeitsagentur.de

http://www.arbeitsratgeber.com

http://www.authentisch-bewerben.de/

http://www.automotive-job.net

http://www.arbeitsboerse.de

http://www.anzeigen-im.net

http://www.ansus.de

http://www.arbeit-online.de

http://www.arbeitsagentur.de

http://www.arbeitsmarkt-online.de

http://www.cesar.de

http://dhd24.de

http://www.evita.de/jobworld

http://www.futurestep.de

http://www.gelegenheitsjobs.de

http://www.JobNetz24.de http://www.jobsand.de

http://www.jobscanner.de

http://www.jobzeit.de

http://www.jobs.de

http://www.job.de

http://jobtweet.de

http://jobboerse.de

http://www.joboter.de

http://www.jobtime24.com

http://www.jobanova.de

http://www.job-consult.com

http://job-chance-berlin.de

http://www.jobsafari.de

http://www.jobware.de

http://www.jobonline.de

http://www.jobrobot.de

http://www.jam-base.de

http://www.jobline.de

http://www.jobworld.de

http://www.jobrobot.de

http://www.jobpilot.de

http://www.jobworld.de

http://www.jobsintown.de

http://www.jobhits.de

http://www.jobrapido.de

http://www.jobdoo.de

http://www.JackTiger.com

http://www.JobScout24.de

http://www.jobmonitor.com

http://www.JobVerbund.de

http://www.jobsundhandel.de

http://www.nordklick.de

http://www.meinestadt.de

http://www.Stellenmarkt.de

http://www.monster.com

http://www.kimeta.de

http://tagesjob.net

http://www.c-cn.de

http://www.personalboerse.de

http://www.hrmconsulting.de

http://www.gigajob.de

http://www.stellennetz.de

http://www.stellenmarkt.com

http://www.studenten-vermittlung24.de

http://www.studentenjobs24.de

http://www.ferienjobs4you.de

http://www.backinjob.de

http://karriere.tmp.de

http://www.berufsstart.de

http://www.monster.de

http://www.stepstone.de

http://www.mitarbeitersuche.de

http://www.stellenanzeigen.de

http://www.dv-treff.de

http://www.cribb.de

http://www.newjob.de

http://www.it-treff.de

http://www.osxpert.net

http://www.computerjobs24.de

http://www.kallekanns.de

http:// www.My-Hammer.de

http://www.vapino.de

http://www.blauarbeit.de

http://www.tutari.de

http://www.message-event.com

http://www.promotionbasis.de

http://www.promotionjobboerse.de

http://www.ekoservices.de

http://www.hostessenjob.com

http://www.medizinische-berufe.de

http://www.aushilfsjobs.de

http:// www.hoteljob-deutschland.de

http://de.stagepool.com

http://www.ExecutiveBase.com

http://www.viando.de

http://www.ibusiness.de/jobs

http://www.stelleninserate.de

http://www.aussendienst-job.de
http://www.sportberufe.de

http://www.sportwissenschaften.info

http://www.werbefreun.de

http://www.schausteller.de

http://jobs.suademus.de

http://www.handelsvertreter-jobs.de

http://textjobs.de

http://www.cnc-jobs-europa.eu/

http://www.spocross.com

http://www.duz.de/docs

http://www.easy4more.de

Meta-Suchmaschinen

http://www.jobsearchers.de

http://www.jobrobot.de

http://www.firmenverzeichnis.net

http://www.job-galaxie.com/

http://www.4icj.com/

http://www.icjobs.de/

http://www.yovadis.de/

http://www.jobrapido.de/

http://www.kimeta.de

Meta-Informationen

http://www.ulmato.de

http://www.gruenderplan.de

http://founder.de

http://www.stepto.de/

http://www.online-bewerbung.org

http://www.bewerbung-gut.de

http://arbeits-abc.de

http://www.absolventenvideo.de

Arbeiten im Ausland

http://www.vivastreet.com

http://www.jobserve.com

http://www.jobs.hp.com

http://www.ivision.co.uk/careers

http://www.telejob.ethz.ch

http://www.peoplebank.com

http://www.jobsite.co.uk

http://arbeiten24.eu

http://www.vietnamworks.com

http://www.outofgermany.de

http://www.jobadler.at

http://www.jobs.ch

http://www.jobsell24.de

http://www.abiw.de

http://www.kijiji.de

http://www.agentur.de/service/jobboerse

http://www.arbeits-abc.de/

http://www.ec.europa.eu/eures

http://www.fazjob.net

http://www.jobcenter-medizin.de

http://www.oekoportal.de/jobs

http://www.stellenmarkt.fvw.de

http://www.1000praktika.de